Hallo!

In der Geschichte findest du an einigen Stellen Profifragen zum Text.

Deine Antworten kannst du mit einem Lesezeichen überprüfen. Das kannst du hinten aus dem Buch herausnehmen.

Es ist dein Lösungsschlüssel!

Aus Verantwortung für die Umwelt hat sich der Fischer Kinder- und Jugendbuch Verlag zu einer nachhaltigen Buchproduktion verpflichtet. Der bewusste Umgang mit unseren Ressourcen, der Schutz unseres Klimas und der Natur gehören zu unseren obersten Unternehmenszielen.

Gemeinsam mit unseren Partnern und Lieferanten setzen wir uns für eine klimaneutrale Buchproduktion ein, die den Erwerb von Klimazertifikaten zur Kompensation des CO_2-Ausstoßes einschließt.

Weitere Informationen finden Sie unter: www.klimaneutralerverlag.de

Weitere Informationen zum Kinder- und Jugendbuchprogramm der S. Fischer Verlage finden Sie unter: www.fischerverlage.de

MIX
Papier aus verantwortungsvollen Quellen
FSC® C043106
FSC www.fsc.org

8. Auflage 2022

Erschienen bei FISCHER Duden Kinderbuch

Fachberatung: Ulrike Holzwarth-Raether
Gestaltungskonzept und Layout:
Farnschläder & Mahlstedt, Hamburg
Umschlagkonzept: Frauke Schneider, Wittighausen
Umschlaglayout: Mischa Acker, Brühl

Druck und Bindung:
Grafisches Centrum Cuno GmbH & Co. KG, Calbe
Printed in Germany
ISBN 978-3-7373-3220-0

Ein Fohlen kommt zur Welt

Usch Luhn
mit Bildern von Silke Voigt

FISCHER Duden Kinderbuch

Überraschung!

Es regnet und regnet.
Paula hat neue Gummistiefel.
Mit süßen Hunden darauf.
Damit tappt sie
durch alle Pfützen.

Papa guckt Paula zu. Er sagt:
„Bald kommt gutes Wetter.
Dann fahren wir weg!“
„Wohin?“, fragt Paula.
„Überraschung“,
grinst Papa.

Papa hat recht.
Am Samstag scheint die Sonne.
„Juchhu!“, ruft Paula.
Sie schnappt ihren Rucksack.
Fröhlich hüpft sie
zum Auto.

Und wohin geht es jetzt?
Mama lächelt: „Überraschung!“
Mehr verrät auch sie nicht.
Da kann Paula
noch so betteln.

Papa packt gerade
die Taschen ein.
Noch was? Paula stellt schnell
ihre Gummistiefel dazu.
Sicher ist sicher.

Und los!
Mama lenkt das Auto
einen Berg hinauf
und wieder hinunter.
Durch einen großen Wald
geht die Reise weiter.

Plötzlich hat Paula eine Ahnung,
wohin die Fahrt geht.
„Ich glaube, ich weiß es!“,
ruft sie. Aber Mama und Papa
lachen nur.

Und dann entdeckt Paula
einen Bauernhof in der Ferne.
Richtig geraten!
„Wir besuchen Tante Sabine“,
ruft sie.
Ihr Bauch kribbelt vor Freude.

Papa und Mama strahlen.
„Überraschung gelungen?“,
fragen sie.
Paula nickt begeistert.
Sie sieht sich um.
Auf einer Weide spielen
ein paar Pferde Fangen.

Ein Fohlen liegt in der Sonne.
Und zwei Ponys haben sich besonders gern.
Sie kraulen sich gegenseitig.

Profifrage 1

Was meint das Wort „Pony“ nicht?

eine Frisur

einen Bart

ein kleines Pferd

Hoppla!

Mama tritt auf die Bremse.

Eine Gänsefamilie

watschelt über die Straße.

Paula ruft: „Hey, ihr da!

Links und rechts gucken!“

Noch einmal gut gegangen.
Die Gänsemutter führt
ihre Küken an den Bach.
Schnell tauchen die Kleinen
ins Wasser.
Sie sind so süß!

Besserwisser!

Nun sind sie fast am Hof.
Da ist auch schon Tante Sabine.
Sie läuft dem Auto
mit großen Schritten entgegen.
Die Kälber hinter dem Zaun
traben neugierig mit.

Plötzlich taucht ein Junge
hinter Tante Sabine auf.
Er winkt mit beiden Armen.
Paula wundert sich.
Wer ist denn das?

„Hallo, ich heiße David“,
legt er sofort los.
„Wir wohnen jetzt nebenan.
Mein Pony ist auf dem Hof.
Es heißt Schecke.“
Er zeigt auf die Weiden.

„Super!“, sagt Mama.
„Dann hat Paula gleich
jemanden zum Spielen.
Was meinst du, Schatz?“
Paula sagt nichts.
Erst einmal gucken.

„Was macht Lotte?“,
fragt sie ihre Tante.
Das ist Paulas Lieblingspony.
Lotte bekommt ein Fohlen!
„Der geht es super“,
mischt sich David ein.

„Mein Papa ist Tierarzt“, erklärt er.
„Er passt auf Lotte auf.“
Er nimmt Paulas Hand und zieht sie einfach mit zum Pferdestall.

Im Stall ist es ruhig.
Paula atmet tief ein.
Hmm, riecht das gut hier.
Paula hört ein leises Wiehern.
Das kann nur Lotte sein.

Lottes Bauch ist kugelrund.
Die Stute schaut Paula
aus großen braunen Augen an.
„Hallo, Lotte“, sagt Paula.
Sie nimmt eine Möhre
und füttert ihre Freundin.

Lotte stupst Paula sanft.
Das kitzelt!
Paula kichert und
streichelt Lottes Nüstern.
Die Stute schnaubt.
Paula strahlt: „Bist du lieb!“

Profifrage 2

Was streichelt Paula?

- Lottes Ohren
- Lottes Nasenlöcher
- Lottes Maul

David gibt Lotte einen Apfel.
„Den mag sie noch lieber“,
sagt er.
Aber Lotte dreht den Kopf weg.
„Satt“, grinst Paula.
Sie kennt Lotte eben besser!

Paula drückt ihr Gesicht
gegen Lottes warmen Hals.
Sie flüstert:
„Ich möchte so gerne
das kleine Fohlen sehen."

„Fohlen kommen
in einer Blase zur Welt“,
erklärt David
in die Stille hinein.
„Na und?“, ruft Paula.
Sie rennt einfach davon.

Paula besucht die Hühner.
David ruft: „Warte doch!“
Aber Paula ist wütend.
Sie schnaubt wie ein Pony.
„Lass mich in Ruhe,
du Besserwisser!“

Profifrage 3

Paula mag David nicht. Warum?

- weil er alles besser weiß
- weil er alles besser kann
- weil er Lotte besser kennt

Schnell trabt sie zur Wiese.
Da sind immer wilde Kaninchen.
David holt sie atemlos ein.
„Weißt du was? Papa sagt,
das Fohlen kommt bald.“

Paulas Herz macht
einen kleinen Hops vor Freude.
Hoffentlich morgen!
Aber sie sagt nur: „Na und?“
„Zicke!“, ruft David.
Und weg ist er!

Ein neuer Freund

Nach einer Weile ist es Paula
ziemlich langweilig.
Sie hat alles gesehen.
Nur Davids Pony noch nicht.
Aber von David und Schecke
keine Spur.

„Guck mal, da kommt er“,
ruft Tante Sabine.
Oh ja! Da trabt David
auf Schecke auf den Hof.
Schecke sieht lustig aus
mit den braunen Flecken.

David steigt ab.
„Dein Pony ist echt süß“,
gibt Paula zu. Sie lächelt.
„Finde ich auch“, lacht David.
Paula steckt eine Blume
in Scheckes Mähne.

Den ganzen Nachmittag
spielen die zwei mit Schecke.
Bis David
zum Abendessen muss.
Schade! David ist doch
ganz in Ordnung.

Profifrage 4

An welcher Stelle in der Geschichte ändert Paula ihre Meinung über David?

- als es ihr zu langweilig wird
- als ihr Herz einen Hops macht
- als David sie einholt

Der große Wunsch

In der Nacht wird Paula wach.
Sie denkt an Lotte.
Wann wohl das Fohlen kommt?
Am Himmel stehen viele Sterne.
Da, eine Sternschnuppe!
Paula wünscht sich …

Ist sie noch mal eingeschlafen?
Plötzlich steht Mama am Bett.
Nanu! Daneben steht David!
„Das Fohlen ist da“, ruft er.
„Mein Papa ist gerade noch
rechtzeitig dazugekommen.“

Das Fohlen liegt im Stroh.
Es ist noch ganz nass.
Lotte leckt es trocken.
Im Stall kniet ein Mann.
Er lächelt und legt den Finger
an die Lippen. Davids Vater!

Nun will das Fohlen aufstehen.
Seine langen Beine wackeln.
Es schwankt.
Davids Knie zittern mit.
Paula nimmt seine Hand
und drückt sie ganz fest.

Unsicher geht das Fohlen los
und stupst Lotte am Bauch.
Wenn da mal keine Milch ist!
Auf der Stirn hat das Kleine
einen weißen Stern.
Paulas Herz hüpft vor Freude.

Das Kleine ist wohl
heute Nacht
vom Himmel gefallen.
Und deshalb
wird es Schnuppe heißen!

Jetzt ist die Geschichte zu Ende.
Hier geht's mit Rätseln für Vollprofis weiter!
Die Lösungen findest du auf der Rückseite.

1. Auf welcher Seite im Text findest du die Tiere zum ersten Mal?

■ Gänse Seite ____

▲ Hunde Seite ____

● Kälber Seite ____

◗ Hühner Seite ____

♦ Ponys Seite ____

♥ Kaninchen Seite ____

2. Wer ist der Vater?

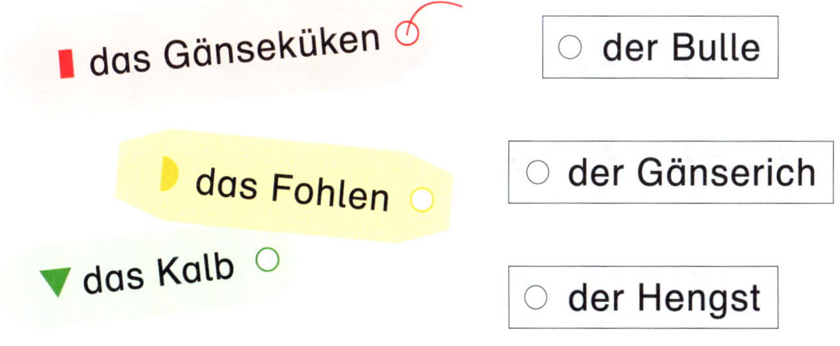

3. Für Pferdekenner! Kannst du die Körperteile des Pferdes zuordnen?

Herzlichen Glückwunsch!

Geschafft. Jetzt bist du ein echter Leseprofi! Noch mehr spannende Bücher findest du unter www.duden-leseprofi.de

Lösungen

1. ■ S. 16; ● S. 18; ♦ S. 15; ▲ S. 6; ◗ S. 30; ♥ S. 31
2. ▮ der Gänserich; ◗ der Hengst; ▼ der Bulle
3.

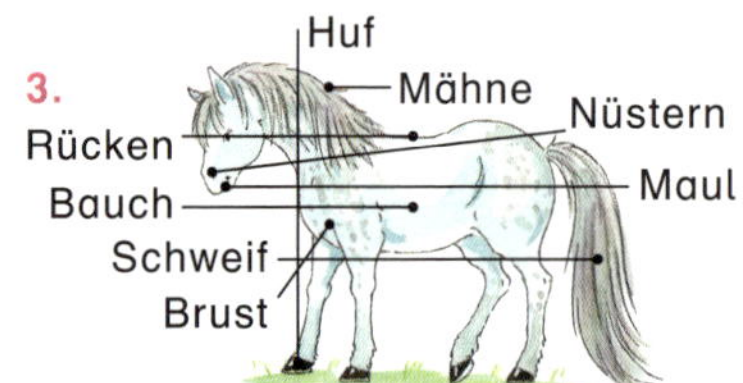

Leseprofi von Duden – von Anfang an richtig

1. Klasse

Jeweils 48 Seiten, gebunden.

- Beste Freundinnen
  ISBN 978-3-7373-3492-1
- Ferien auf der Blaubeerinsel
  ISBN 978-3-7373-3472-3
- Eine Mumie geht zur Schule
  ISBN 978-3-7373-3447-1
- Die geheimnisvolle Schatzkarte
  ISBN 978-3-7373-3218-7

2. Klasse

Jeweils 64 Seiten, gebunden.

- Diamantenklau im Hafen
  ISBN 978-3-7373-3471-6
- Eine Gruselnacht im Zelt
  ISBN 978-3-7373-3442-6
- Die Bienenretter
  ISBN 978-3-7373-3475-4
- BMX und sonst nix!
  ISBN 978-3-7373-3374-0

Alle Duden Leseprofis finden Sie unter
www.duden-leseprofi.de

Das Lesezeichen ist dein Lösungsschlüssel für die Profifragen!

Für jede Antwort findest du ein Puzzleteil.

Wenn es zum Puzzle auf dem Lesezeichen passt, ist die Antwort richtig!